AF268339

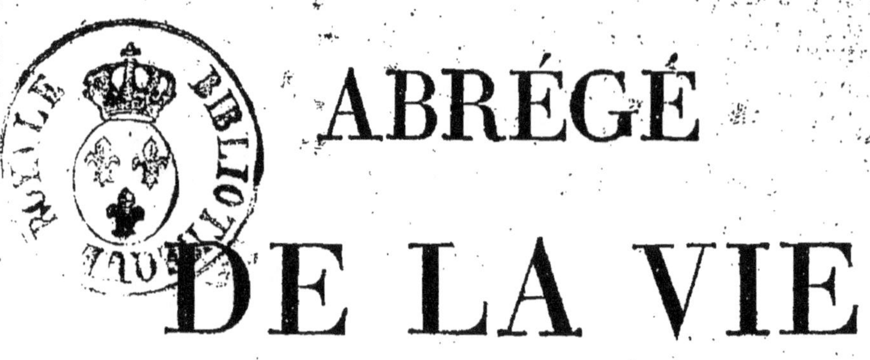

ABRÉGÉ

DE LA VIE

DE LA VÉNÉRABLE MÈRE

JEANNE DE LESTONAC,

FONDATRICE

DES RELIGIEUSES FILLES DE NOTRE - DAME.

JEANNE DE LESTONAC naquit à Bordeaux en 1556. M. de Lestonac, son père, recommandable et par l'ancienneté de sa famille et par les hautes fonctions dont il fut revêtu, était conseiller au parlement de Bordeaux.

Jeanne d'Eyquem de Montaigne était sa mère.

Jeanne de Lestonac fut l'aînée de quatre enfans. Il semble que cette digne fille fut donnée comme une récompense de la double fidélité dont M. de Lestonac avait fait preuve : envers Dieu, en défendant la véritable Religion contre

Lm 12467

les erreurs des novateurs de ce siècle ; envers le Roi, en contenant les peuples dans l'obéissance.

Une rare beauté, un air et un port majestueux, les hérésies du temps dont sa mère faisait profession, furent les écueils dangereux contre lesquels eussent échoué les vertus de Jeanne, si elle n'eût été guidée par les leçons de son père, soutenue par les bons avis de son oncle le célèbre Michel de Montaigne, dont les ouvrages font l'admiration des hommes éclairés, et plus encore par le sentiment de cette vocation qui, malgré la faiblesse de son sexe, la destinait à devenir un jour une des plus zélées protectrices des intérêts de la Religion.

La tendresse qu'elle avait pour sa mère, le respect qu'elle lui portait, ont fait croire à quelques-uns qu'elle avait partagé ses erreurs ; mais on a su de la bouche de Jeanne qu'il n'en était rien, et que si étant jeune elle avait assisté aux prêches, c'est qu'elle ne savait pas distinguer le vrai du faux. On ajoute même que la mère, qui croyait l'avoir gagnée à l'erreur, se vit obligée de se défendre contre ses sollicitations, et craignait même d'être ébranlée par les puissans raisonnemens de sa fille en faveur de la foi dont elle faisait profession.

A l'âge de quatorze ou quinze ans, Jeanne de Lestonac parut dans le monde ; elle s'y fit remarquer et par sa beauté et par son esprit ; elle ne fut pas long-temps sans découvrir le vide, la vanité et les dangers de ces assemblées. Pour ne pas refuser à sa famille, elle se prêta quelquefois à ses désirs ; mais ces complaisances ne lui firent rien négliger de ses devoirs ordinaires de piété, et fortifièrent dans son cœur le désir qu'elle avait de se consacrer à Dieu dans l'état religieux.

Dans l'ardeur de ses oraisons, elle s'expliquait en ces termes : « Mon bien-aimé, c'est pour vous seul que je » garde les anciens et les nouveaux fruits que je suis ca-

» pable de produire avec le secours de votre grâce ; faites
» que j'accomplisse ce que vous désirez de moi, dans l'état
» où vous croirez que je puisse le mieux vous servir et tra-
» vailler à retirer les ames de l'erreur et du vice, et les
» appeler à Jésus-Christ. »

A peine achevait-elle cette prière, que Dieu lui faisait
entendre qu'elle conserverait dans son cœur le feu qu'il
venait d'y allumer.

Que les voies de Dieu sont impénétrables ! et comme il
fait tourner à l'exécution de ses desseins les événemens qui
paraissent les plus éloignés des décrets de sa Providence !

Jeanne de Lestonac, qui ne cherchait qu'à obéir aux ordres de Dieu, obéit aux ordres de son père ; elle se maria,
à l'âge de dix-sept ans, avec le marquis de Montferrant,
un des premiers barons de la Guienne, dont la maison a
donné des archevêques à Bordeaux, des défenseurs au
Saint-Siége, des généraux dans le temps des croisades,
des souverains aux États de l'Orient, des gouverneurs à
nos provinces, et des martyrs à l'Église.

Les honneurs auxquels la Marquise fut élevée, ne chan-
gèrent rien à sa conduite ; elle savoit plaire à son mari sui-
vant les devoirs de son état, sans déplaire à son Dieu,
qu'elle aimait de tout son cœur. Elle devint en peu de
temps, par l'éclat de ses vertus, l'objet de l'admiration de
toute la province.

La mort de son père, qu'elle aimait tendrement, mit
son cœur à une grande épreuve ; mais elle fit paraître en
cette occasion sa parfaite résignation à la volonté de Dieu,
qui nous prive souvent de ce que nous avons de plus cher,
pour éprouver notre vertu.

La marquise de Montferrant eut sept enfans de son ma-
riage ; la mort en enleva trois de bonne heure ; deux de ses
filles embrassèrent la vie religieuse ; la troisième resta

dans les embarras du siècle : un seul fils fut le soutien de sa famille. Elle resta 24 ans avec son époux ; rien n'altéra la paix de cette union, et si la divine Providence lui fournit le moyen de veiller à l'éducation chrétienne de ses enfans, c'était pour la préparer à cette éducation spirituelle qu'elle devait donner plus tard à ses filles, qu'elle devait assujettir à sa règle.

Que ne pouvons-nous faire le récit de toutes les belles et nobles actions qu'elle fit, des vertus qu'elle pratiqua ! Nous dirons seulement qu'elle fut toujours la même, fidèle à tous ses exercices de religion, sans rien omettre de ses devoirs domestiques ; semblable à cette femme forte dont parle l'Écriture, elle s'occupait des soins de sa maison et de ceux de son salut, marchant d'un pas égal dans les voies où Dieu la conduisait.

La mort de M. le marquis de Montferrant sembla mettre le sceau à sa vocation. Après lui avoir rendu les devoirs d'une épouse chrétienne, notre pieuse veuve reprit, avec plus d'ardeur, les pratiques d'une vie retirée : elle contracta une étroite liaison avec plusieurs saintes dames ; la fréquentation des sacremens, des aumônes abondantes, la visite des prisonniers, les pratiques de la vertu, remplirent le temps de la viduité.

Privée d'un père qu'elle aimait tendrement, d'un époux qu'elle aimait plus tendrement encore ; veuve d'une nombreuse postérité qui lui faisait espérer une nombreuse famille, seule avec son Dieu, elle s'écria : « O mon Dieu ! vous seul serez la portion de mon héritage ; vous seul pouvez me rendre tout ce que j'ai perdu : il est temps de quitter ce monde pour n'avoir de commerce qu'avec vous ». Elle mit ordre à ses affaires et fit part de sa détermination à M. le marquis de Monferrant son fils.

« Mon fils, lui dit-elle, je ne puis rien aimer dans le

» monde après la mort de l'époux que j'ai perdu ; j'ai
» rempli, à votre égard, les devoirs d'une mère chré-
» tienne ; vous êtes en état de remplir la place de celui à
» qui vous devez le jour, héritez de ses vertus comme
» vous héritez de ses biens ; souvenez-vous que les grands
» doivent de grands exemples. Prenez bien soin de votre
» sœur, aidez-la de vos conseils, adoucissez ses chagrins,
» devenez pour elle une seconde Providence. Dès aujour-
» d'hui votre mère se dégage des liens de ce monde,
» pour vivre dans la retraite ; cette détermination lui est
» inspirée par ce Dieu à la volonté duquel vous et moi
» devons nous soumettre ».

Le Seigneur qui avait de grands desseins sur cette ame
généreuse, lui inspira d'entrer dans le couvent des *Feuil-
lantines*, nouvellement établi à Toulouse. M. de Montferrant
demanda la permission de l'accompagner dans ce voyage,
sa mère lui refusa cette faveur : elle mit tout en ordre pour
son départ, et sa fille, ignorant le motif, aida aux apprêts
du voyage.

Le père provincial des Feuillans s'était rendu à Bordeaux pour conduire notre pieuse néophyte dans la retraite
qu'elle avait choisie. Mademoiselle de Montferrant apprit
enfin le départ de sa mère, elle se rendit au port où elle
croyait la revoir, lui faire ses derniers adieux, ou triom-
pher peut-être de ses pieux desseins : les efforts de
cette fille chérie furent inutiles. Mme. de Montferrant partit et laissa sa fille en pleurs.

Le marquis la devança, l'attendit à la porte du monas-
tère, la conjura de ne pas abandonner ses enfans ; mais
que peut la nature, lorsque c'est le doigt de Dieu qui indi-
que la voie, et que la grâce triomphe !

Le Souverain-Maître voulait la mettre à la tête d'un
nouvel ordre religieux, et ne permit pas qu'elle passât,

sans épreuves, des embarras du monde, à la première place d'une communauté. Il fallait que notre nouvel athlète apprît qu'elle était venue pour servir et non pour gouverner ; pour s'exercer à la patience et au travail ; que c'est par la patience et le travail que les hommes sont éprouvés comme l'on est éprouvé par le feu , et que celui-là seul peut commander, qui a su le mieux obéir. Il voulut enfin que dans sa retraite elle conçut l'idée de son établissement, comme Ignace conçut le sien dans la grotte de Manvere.

A l'exemple de ce saint Fondateur , elle mena une vie austère et pénitente ; elle devint dans peu le modèle de ses Sœurs, mais les jeûnes et les veilles altérèrent sa santé ; elle fut obligée de quitter Toulouse et de revenir à Bordeaux.

De retour dans sa ville natale, son premier soin fut d'établir Mlle. de Montferrant avec M. le baron d'Arpaillan : dès-lors elle ne s'occupa que de bonnes œuvres. Un jour qu'elle assistait à la Sainte-Messe, elle eut une vision qui lui fit connaître qu'elle devait seconder le zèle des pères de Bordes et de Raimond , jésuites, pour former un ordre de filles sur la règle des pères de la compagnie de Jésus ; elle eut plusieurs conférences avec ces saints religieux qu'elle prit pour directeurs de sa conscience et qu'elle associa à l'exécution de ses projets.

Le père de Bordes en parla le premier à Mgr. l'Archevêque ; S. Em. accueillit favorablement la demande, voulut voir la marquise de Montferrant ; il la reçut avec la déférence que méritaient son rang distingué et ses vertus , et l'autorisa à choisir, dans son diocèse, les députés qu'elle croyait propres à soumettre au Souverain Pontife le sommaire des constitutions et des règles du nouvel ordre.

Le cardinal de Sourdis, dont le nom se rattache à tous les établissemens religieux de la ville de Bordeaux, écrivit lui-même au Saint-Père : M. Moisset, curé de Sainte-Colombe, homme d'une singulière vertu, également versé dans les sciences et les affaires ecclésiastiques, fût choisi par la Marquise pour remplir la mission : il partit pour Rome, avec la permission de Mgr. l'Archevêque, le 4 août 1606, portant des lettres du cardinal, du maréchal d'Ornana, gouverneur, et de plusieurs autres personnes de distinction qui connaissaient le but et l'utilité de l'institut projeté.

Les cardinaux Belarmin et Baronius écoutèrent favorablement M. Moisset. Paul V gouvernait alors l'Eglise; il était depuis un an sur le siége de Saint-Pierre. Après avoir examiné en consistoire le but de l'établissement, les constitutions qui devaient en assurer la durée, il donna volontairement son approbation, et confirma l'ordre des Religieuses de Notre-Dame par une bulle du 7 avril 1607.

M. Moisset, à son départ, recevant la bénédiction du Saint-Père, recueillit de sa bouche ces paroles : « Je mour-
» rai content, j'ai établi un ordre de Religieuses dont la
» fin est d'entretenir dans l'Eglise la pureté de la Foi,
» l'intégrité des mœurs, et qui n'a d'autre but que de
» procurer la gloire de Dieu et le salut des ames ».

Pendant le séjour de M. Moisset à Rome, la Marquise s'était associé dix compagnes, avec lesquelles elle mettait en pratique ce qu'elle devait enseigner plus tard : elle avait déjà eu connaissance, par une révélation divine, du jour où la bulle avait été expédiée.

De retour à Bordeaux, M. Moisset remit la bulle à M. le cardinal de Sourdis, qui la communiqua à la Fondatrice, lui accorda un terrain sur le port de la Garonne, où elle fit bâtir une maison commode, auprès de la chapelle du Saint-Esprit, que l'Archevêque céda pour servir de chapelle à la société naissante.

La Fondatrice s'y rendit au commencement de l'automne de l'année 1607, quatre de ses compagnes l'y suivirent. Le cardinal, par ordre du Souverain Pontife, les agrégea à l'ordre de Saint-Benoît. La prise d'habit eut lieu le 1er. mai 1608; elle fut brillante et solennelle; un peuple immense y courut; le Père Raimond fit le discours de vêture, et S. Em. termina la cérémonie en donnant le voile blanc à quatre de ses compagnes, et le voile noir à la Fondatrice. Elle était âgée de 55 ans : elle sentit alors ses désirs satisfaits, et fut animée d'un nouveau courage pour marcher dans la voie de la perfection.

Ainsi prit naissance la Communauté des Filles de Notre-Dame : cette Communauté, semblable au grain de sénevé, devait plus tard devenir un grand arbre et répandre son ombrage sur toute la province; elle s'occupa de l'éducation des pauvres, elle s'en occupa avec autant de zèle que de succès. Jaloux de ses conquêtes, le Démon mit tout en usage pour détruire un Ordre religieux qui lui faisait une mortelle guerre; la Fondatrice triompha des épreuves qui auraient découragé une vertu moins éprouvée que la sienne : ses vœux furent exaucés, et le Cardinal l'admit à la profession le 8 décembre 1610, jour de l'immaculée Conception de la Vierge.

Cet Ordre établi par le Souverain Pontife fut bientôt reconnu par l'Autorité Royale; Marie de Médicis et Henri-le-Grand accordèrent les lettres-patentes dont le Roi prit lui-même la peine de dicter la teneur; elles sont datées du mois de mars 1609, et enregistrées au Parlement de Bordeaux le 22 août de la même année.

La divine Providence, qui donnait des preuves si multipliées de sa protection, appela bientôt dans la modeste retraite du Saint-Esprit un grand nombre de personnes qui voulaient partager les travaux des Religieuses ; la maison fut insuffisante, le couvent fut transféré dans une maison achetée rue du Château du Hâ ; de cette maison sortirent de zélées missionnaires qui, formées à l'école de la pieuse Fondatrice, éclairées de ses lumières, soutenues par ses conseils, fondèrent à leur tour des Communautés à Beziers, au Puy, à Toulouse, Périgueux, et dans d'autres villes du Royaume. L'histoire de l'Ordre peut seule en faire connaître l'origine et les progrès.

La Mère de Lestonac a établi dans son Ordre le double esprit de la vie cachée et de la vie publique, et elle a donné l'exemple de l'une et de l'autre ; la vie publique la rendait agissante au-dehors ; par la vie cachée, elle se concentrait en elle-même, et se recueillait toute en Dieu : de ce recueillement naissaient ces Oraisons sublimes qui la ravissaient, et qui faisaient briller sur son front, lorsqu'elle était en prière, l'ardeur du divin amour. Sa vie fut une oraison continuelle dans laquelle elle puisait ce zèle qui l'aurait portée à établir des Maisons jusques dans le pays où le nom de Dieu n'était pas connu.

La Mère de Briançon entrant un jour dans sa chambre, lorsqu'elle faisait son oraison, aperçût comme des rayons de feu qui l'environnaient, et les flammes qui roulaient sur sa tête annonçaient le feu que l'Esprit-Saint allumait dans son cœur.

Son courage égalait son zèle ; il prenait naissance dans sa soumission à la volonté de Dieu ; quelque étranges que fussent les événemens qui pouvaient s'opposer à ses projets, elle conservait une paix inaltérable ; *Dieu le veut*, disait-elle, ne se permettait ni plainte ni murmure, et tout était calme en elle.

En apprenant la mort du baron de Montferrant son fils, elle ne dit que ces mots : « C'est vous, ô mon Dieu !

qui me l'avez donné ; sa mort est un effet de votre juste et sainte volonté ». En perdant sa mère, elle versa moins des larmes de regret, que des larmes de crainte qu'elle n'eût persisté dans l'erreur.

Elle n'était parvenue à ce grand abandon d'elle-même que par une mortification continuelle, par les veilles, les jeûnes et la prière.

Elle joignait des sucs amers aux alimens qu'elle prenait, pour les rendre moins savoureux ; ses filles étonnées lui en faisaient-elles des reproches, elle répondait avec douceur : C'est pour Dieu, que j'ai offensé.

Malgré ses infirmités et son grand âge, elle se montra toujours exacte et régulière ; elle observa la règle avec la même ponctualité que la dernière des novices.

Deposée de sa charge de Supérieure, son obéissance fut sans bornes à l'égard de celle qu'on avait mise à sa place ; on eût dit à la voir agir qu'elle n'avait commandé que pour apprendre à obéir plus promptement.

Sa douceur et sa bonté lui gagnaient tous les cœurs, elle consolait ses filles dans leurs peines, les aidait dans leurs travaux ; en un mot, elle se faisait toute à toutes pour les gagner toutes à Dieu.

Son humilité était profonde, elle ne se considérait que comme la dernière de la maison, et remplissait les emplois les plus bas et les plus humilians.

Tout ce qui était à son usage tenait de la pauvreté ; les sœurs chargées du vestiaire lui donnaient-elles des vêtemens, elle les échangeait contre ceux des autres sœurs qui les avaient usés d'avance, disant que les siens étaient assez bons.

Il fallut enfin qu'une vie pleine de tant de soins et de vertus fut récompensée.

Il était de règle que le renouvellement des vœux fût précédé d'une retraite de trois jours : le second elle fut frappée d'apoplexie ; elle ne reprit sa connaissance que pour entendre les exhortations du Père Martel, jésuite, participer aux Saints-Mystères et recevoir les derniers adieux de ses Sœurs. Les voyant toutes pressées autour de son lit de douleur, elle éleva ses mains sur elles et mourut dans la paix du Seigneur, le 2 février 1640, le jour de *la Purification de la Sainte-Vierge*, à l'âge de 84 ans.

A sa mort son visage parut reprendre son premier éclat ; son corps resta cinq jours sans sépulture. Un peintre appelé pour faire son portrait, répondit qu'il pouvait peindre les beautés de la terre, mais qu'il ne lui était pas donné de peindre celles du Ciel, tant son visage rayonnait de traits de la Divinité, signes de la béatitude dont elle était déjà en possession.

Le son des cloches annonça cette mort ; la foule se porta au couvent des Filles de Notre-Dame ; on fut obligé d'y placer des gardes. Les Religieuses versaient des larmes sur le corps de leur mère, et le peuple faisait confusément son éloge en publiant les actes de sa vie et en proclamant sa sainteté.

Les obsèques de la vénérable Mère Mme. de Lestonac, marquise de Montferrant, eurent lieu, dans la chapelle de Notre-Dame, le 7 février 1640. Le Père Champeil prononça son oraison funèbre. En la terminant il exhorta la communauté à demander à Rome sa béatification. Avant de déposer sa dépouille dans le caveau qui lui était destiné, la foule se porta encore dans l'église, s'empressant de faire toucher des chapelets et des médailles pour conserver son souvenir, et plusieurs ont obtenu, par l'attouchement, la guérison de leurs maux.

La Mère de Rives, supérieure de la communauté de Beziers, appelée pour fonder à Barcelonne une maison de l'ordre, vint à Bordeaux avant de se rendre à sa destination : elle désira voir la vénérable mère ; cette faveur lui fut accordée.

Quarante ans après son inhumation, son corps fut trouvé tel qu'il était au moment de la sépulture. Frappée de cet événement, la mère de Rives détacha un doigt de la main droite, qu'elle emporta respectueusement.

Les Sœurs élevèrent alors en son honneur un sépulcre distingué, soutenu de quatre piliers, dans un des caveaux de la maison, où son corps est demeuré entier et sans corruption jusqu'au moment où l'ordre fut dissous et les Sœurs forcées de quitter leur retraite. Jour de deuil ! que votre souvenir ne peut-il s'effacer de notre mémoire !

Avant que la force armée ne les arrachât de leur saint asile, elles voulurent soustraire leur vénérable Mère Fondatrice à la rapacité de leurs persécuteurs ; elles la mirent en dépôt chez M. de Galethau son parent ; la sage prévoyance de ces Filles ne fit que retarder le malheur qu'elles voulaient éviter.

M. de Galethau fut mis en arrestation ; les sentinelles qui le surveillaient s'aperçurent qu'une caisse était cachée chez lui, avec ce titre : *Dépôt des Religieuses de Notre-Dame, rue du Hâ.* Ils furent dénoncer à la Commune cette découverte ; on se rend de suite chez M. de Galethau, et on transporte la caisse à la Maison commune, sous bonne escorte, conduite par le citoyen Chaussade, municipal, pour faire part d'une importante capture qui vient d'être faite chez le citoyen Galethau, d'un squelette habillé en ci-devant costume religieux, comme dépôt des ci-devant Religieuses de Notre-Dame.

Cette grande affaire est renvoyée par le président du conseil (Isabeau) au comité de surveillance, le citoyen Galethau étant en arrestation.

Un grand débat s'agite : un squelette en costume ci-devant religieux, un dépôt des ci-devant Religieuses,

effrayent les prétendus représentans du peuple ; ils crai-
gnent qu'à son aspect le fanatisme religieux ne reprenne
son empire. Un squelette enterré depuis 173 ans ! Heu-
reux si à sa vue vous rentriez en vous-même ; mais votre
endurcissement vous aveugle.

Ils sont embarrassés de leur prise sacrilége, et dans
le long espace de leur délibération, ils la laissent cinq jours,
sans s'en douter, à la vénération publique. On court de
toutes parts pour la proclamer Sainte ; chacun veut des
reliques ; à peine lui laisse-t-on de quoi la couvrir : les
méchans même y mènent leurs enfans pour voir la Sainte
à qui ils ne peuvent refuser leurs éloges. Malheureux ! que
ne profitiez-vous de la vue de ce que vous craigniez.

Enfin, voulant se débarrasser du fardeau qui pèse à
leurs consciences, ils la relèguent à l'Arsenal, aujourd'hui
la Morgue, et laissent là ce trésor jusqu'à ce qu'un cadavre
trouvé dans les rues disputât cette vile demeure à une
Fondatrice d'Ordre Religieux. La jetera-t-on à la voirie ?
Non, l'avenir ne devait pas être privé des restes de cette
héroïne chrétienne ; elle devait être un jour la consolation
de ses Filles.

Il fut donc délibéré de l'enterrer dans un jardin appar-
tenant à la Commune, et cela nuit clause, pour ôter tout
espoir à ses Filles de recouvrer leur précieux dépôt. Il
fallait que ces barbares assouvissent leur haine, et qu'en
la mettant sous la terre, ils n'ôtassent pas l'horreur de la
voirie ; ils firent enterrer un cheval à côté de la Sainte, que
par mégarde on écarta de huit pieds de distance d'elle.
Mais, ô Providence divine ! que vos desseins sont admirables ! cet animal un jour indiquera ce trésor caché.

Vingt-huit ans se sont écoulés. De nombreux obstacles
et des difficultés ont empêché les Filles de cette vénérable
Mère de se réunir en Communauté à Bordeaux ; les ayant

vaincus , leur premier élan s'est porté à la recherche de leur Mère : elles ont demandé et obtenu les permissions nécessaires pour découvrir celle en qui elles fondaient tout le succès de leur réunion.

Des fouilles ont été faites; elles paraissaient sans succès; leur zèle infatigable , et leur persévérance ont été admirables. Une foule immense de peuple s'est rendu pour assister à cette fouille , les uns comme témoins , disant l'avoir vu enterrer , désignant celui qui avait été chargé de cet honorable emploi (qui pour avoir des reliques , comme il l'a déposé , lui arracha le voile , seul reste de son vestiaire), les autres publiant ses vertus et ses miracles.

Rien de plus édifiant que la conduite des militaires ; chacun à l'envie offrait ses services aux deux Religieuses de Notre-Dame qui présidaient à la fouille , disant qu'ils donneraient de leur chétive solde pour qu'on trouvât la Sainte ; tous les officiers prodiguèrent leurs soins et leurs attentions à ces Dames : en un mot , elles en ont été comblées pendant les dix jours qu'a duré la fouille.

Enfin les indications que l'on avait données ont paru : le cheval, moitié consumé , a annoncé que la Sainte était proche; sa destruction en grande partie a fait craindre que le laps du temps n'eût réduit en poudre la vénérable mère de Lestonac , lorsqu'on l'aperçut en entier enveloppée comme dans un drap de terre qui cachait à ces deux Religieuses celle qui faisait l'objet de leur sollicitude , et où leurs cœurs l'avaient toujours suivie. Elles avaient des ordres des autorités d'avertir du moment où on découvrirait le trésor que leurs devanciers avaient cherché à perdre. On se transporte de suite : médecin, chirurgien, commissaire de police, tous accourent avec une ardeur incroyable ; on vérifie, on prend des précautions pour retirer en entier celle que tous révèrent. Les piocheurs l'avaient (malgré toute l'attention possible) beaucoup endommagée. Il fallut bien de la peine pour retrouver les ossemens les plus importans ; les autres furent brisés ; le crâne est mutilé, mais tous les morceaux en sont recueillis. Un prêtre arrive, se met à genoux, prie le Dieu qui fait les Saints, et invoque celle qu'on a tout lieu d'espérer que le Chef de l'Eglise proclamera dans peu *bienheureuse*. Je ne dis rien du silence profond qui régnait, du recueillement dont les personnes de tout sexe et de tout état étaient pénétrées, de la position attendrissante et respectueuse de ses filles : les larmes de joie qu'elles répandaient, annonçaient ce qui se passait dans leurs cœurs. Je n'ai jamais rien vu de si touchant. Oh ! que n'étiez vous là, impies qui vouliez dérober un si beau spectacle ; vous eussiez sans doute senti mollir vos cœurs, et vous vous fussiez rendus du moins les admirateurs d'une scène aussi pieuse qu'attendrissante.

Les autorités civiles ont indiqué avec exactitude, ce qu'exige un pareil cas, les précautions à prendre, et ont laissé au zèle du saint Prélat qui gouverne ce vaste diocèse, à faire comme il l'a désiré toutes les informations nécessaires pour s'assurer de l'identité des précieux restes de la vénérable Mère de Lestonac. On doit autant à la sagacité de son esprit, qu'à sa haute piété, le soin qu'il a pris à former une commission d'hommes choisis, qui, par leurs talens et leurs vertus, réunissent la confiance publique. Grand nombre de témoins ont été ouïs ; tous assurent par serment l'identité, et par leurs expressions la proclament Sainte. Mgr. l'Archevêque voulut lui-même mettre le dernier sceau à l'œuvre qu'il avait si heureusement commencé, il convoca, à la Mairie, M. le Comte de Breteuil, Préfet de la Gironde, M. le Vicomte de Gourgue, Maire de Bordeaux, et toutes les Autorités ; les membres de la commission, deux Religieuses de Notre-Dame, deux membres de la famille de la vénérable Mère de Lestonac. Cette nombreuse assemblée, présidée par Mgr. l'Archevêque, qui était accompagné de MM. Desèze et Barrès, Vicaires-généraux, était vraiment imposante et majestueuse ; elle annonçait le motif qui en était l'objet.

L'identité des précieuses dépouilles de la vénérable Mère Jeanne de Lestonac, fut constatée ; on les déposa dans le cercueil que ses pieuses Filles lui avaient préparé, on y apposa les sceaux que l'ordonnance de Mgr. l'Archevêque prescrivait. Il détacha une portion de ces précieuses dépouilles, qu'il donna à la Supérieure des Religieuses de Notre-Dame de Toulouse, qui, appelée par ses Sœurs de Bordeaux, a concouru avec zèle à leur rétablissement et à la recherche de leur Mère commune.

Il ne reste actuellement à opérer que la translation de cette vénérable Mère dans le Couvent de ses Filles Religieuses de Notre-Dame, nouvellement établi rue du Palais-Gallien, n°. 96.

FIN.

A BORDEAUX, DE L'IMPRIMERIE DE MOREAU ET SUWERINCK,
Rue Neuve du Temple, n°. 20.

www.ingramcontent.com/pod-product-compliance
Lightning Source LLC
Chambersburg PA
CBHW061207050726

47594CB00008B/3606